Empresas Sectarias

¿Trabaja Usted en Una de Ellas?

Ismael Bello.

Copyright © 2011 por Ismael Bello.

© Empresas Sectarias.

Derechos Reservados.

© 2019 Amazon, Inc

ISBN: 9781095469590

Sello: Independently published

1ª edición revisada

Impreso por Amazon.com

Prohibida la reproducción parcial o total por cualquier medio.

A mi familia y a todos mis amigos por seguirme apoyando en los proyectos.

Agradecimientos

A Dios por ser fuente de la sabiduría y del entendimiento, por ser mi guía y mi mayor verdad.

A todos los colegas y amigos interesados en este tema, del que siempre hablábamos hasta que se concretó en este material.

A mi esposa Edith que me ha acompañado en todos mis proyectos, éste en especial.

Y sobre todo a usted querido lector por haber adquirido este libro.

Índice

Prólogo. 11

Capítulo I. Las Empresas. 15

Capítulo II. Las Sectas. 19

Capítulo III. Empresas Sectarias. 23

    Características. 23

    ¿Cómo Funcionan? 27

    Causas para Entrar en una Empresa Sectaria 28

Capítulo IV. Identificación de Una Empresa Sectaria. 37

Capítulo V. Consecuencias de las Empresas Sectarias 49

Capítulo VI. Como Salir de Una Empresa Sectaria. 57

Capítulo VII. Recomendaciones Puntuales. 71

Notas Finales. 75

Bibliografía. 81

Acerca del Autor 83

Prólogo

Hoy en día existen muchas empresas a nivel mundial. Gran parte de ellas son corporaciones o compañías de renombre que son muy conocidas por el gran impacto que han causado en la sociedad, ya sea a nivel internacional, nacional o local.

Dentro de las empresas existentes a nivel mundial hay unas denominadas "empresas sectarias", "empresas sectas o "sectas laborales. Este tipo de empresas han ido aumentando progresivamente por diferentes factores, algunos de ellos son:

- Ofrecen incentivos elevados.

Empresas Sectarias   Ismael Bello

- Ofrecen cursos y formación de alto costo.
- Algunas flexibilizan el horario.
- Premian la consecución de objetivos alcanzados.

En este libro usted conocerá detalladamente que es una empresa sectaria o secta laboral, características de este tipo de empresa, como saber si su empresa o la empresa donde usted trabaja es sectaria o va hacia ese rumbo, qué medidas tomar para cambiar esa situación o para salir de ella.

Lea este libro despacio, con calma, detállelo y analícelo, piense si lo que está escrito aquí tiene algo que ver con usted o alguien que conozca. Es importante saber que aunque nosotros no nos encontremos en una empresa sectaria hay personas que conocemos que están o pueden estarlo y es allí donde nosotros vamos a influir en ellos, para guiarlos y asesorarlos y tengan idea de donde se encuentran.

Gracias por adquirir este libro y que sea de gran ayuda para usted y muchas personas.

ISMAEL BELLO.

Empresas Sectarias   Ismael Bello

Capítulo I.
Las Empresas.

De acuerdo al Diccionario de la Real Academia Española, empresa es: "una organización dedicada a actividades industriales, mercantiles o de prestación de servicios con fines lucrativos". También señala como empresa "lugar donde se realizan dichas actividades".

Con este par de definiciones podemos decir que la empresa como institución, fomenta el desarrollo de la sociedad a través de las actividades que realiza y como sitio de trabajo, fomenta el desarrollo cognitivo del individuo.

Empresas Sectarias   Ismael Bello

Las empresas han estado presente a partir de la era industrial, desde ese momento la empresa comenzó a ser parte fundamental para el desarrollo mundial. Y actualmente en la era de la información, las empresas siguen siendo pilar en los avances y progresos tecnológicos e industriales.

Solo basta observar en la televisión, en internet, en la prensa o en las vallas de las ciudades, la gran cantidad de publicidad referente a empresas o corporaciones de gran renombre, eso sin contar las empresas que no hacen publicidad, pero que al igual que las que sí lo hacen, son grandes compañías, que por su tiempo en el mercado, son de gran reputación.

Las empresas generan empleos, aportan a la Nación o Estado los respectivos impuestos, incentivan la producción local, crean fundaciones y

Empresas Sectarias   Ismael Bello

ofrecen distintos productos o servicios para solventar problemas locales, nacionales o internacionales.

Existen empresas que generan confianza, porque tienen principios y no engañan a sus empleados, aprenden y se adaptan a los cambios, se respeta la libertad personal de sus empleados, la comunicación es abierta y sin rodeos, trabajan en equipos y sobre todo aprovechan y desarrollan al empleado para que sea un posible emprendedor, no un esclavo del trabajo.

Soy partidario de fomentar la empresa como punta de lanza para el desarrollo de una comunidad, ciudad o país y para el crecimiento personal. De lo que no soy partidario, es de empresas que perjudican a las personas a través de compromisos extremos, castigándolos sin salario, sin beneficios o bonos por un error cometido, generando psico-terror laboral o haciendo a las personas dependientes del trabajo, sin opción a la libertad, porque si rompen el compromiso con ellos son catalogados de conspiradores, de enemigos, de fascistas, de revolucionarios y de muchos otros calificativos desconcertantes.

De este tipo de empresas hablaremos en los próximos capítulos, las empresas denominadas "Empresas Sectarias", "Sectas Laborales" o "Empresas Sectas".

Hago una pausa acá para recordarle que si usted no ha leído mi libro "Empleos Tormentosos" es el momento que lo haga, allí se revelan los diferentes tipos de empleos tormentosos, las diferentes enfermedades que ocasionan y los pasos para salir de ellos.

Capítulo II.
Las Sectas.

En el capítulo anterior se leyó la definición de empresa, observamos las ventajas de las empresas y los aportes que hacen al individuo y a la sociedad. Finalizando el capítulo hablábamos de empresas sectas o sectarias, pero, ¿qué son sectas? La definiremos a continuación.

El término proviene del latín seqüi: seguir, y se aplicaba a las escuelas de filosofía (de donde viene sectátor y sectatorios: 'adherente', 'seguidor'). El Diccionario de la Real Academia lo define así: "conjunto de seguidores de una parcialidad religiosa o ideológica". Y también como: "doctrina religiosa o ideológica que se diferencia e independiza de otra".

Observe que las definiciones tienen dos palabras claves "seguidor" y "doctrina". Partiendo de estas dos palabras formaremos la definición de secta. Empecemos.

La única condición para ser seguidor de algo o alguien es que a usted le guste ese algo o alguien sin ningún compromiso, es decir, usted decide siempre si seguirlo o no. En cambio cuando usted sigue a alguien o algo a través de una doctrina significa que a usted lo han estado educando, trabajando o manipulando para que usted sea seguidor y justamente esto es lo que se denomina secta.

Empresas Sectarias Ismael Bello

Usted sigue a alguien o algo en la mayoría de los casos en contra de su voluntad, generalmente en las sectas hay un líder o unos líderes que son los que dan las normas, pasos o reglas para que las personas las sigan al pie de la letra y le indican que obtendrá un beneficio a futuro, (otra característica clave de las sectas es ésta), un beneficio futuro, no es un beneficio inmediato o en el ahora, es decir, es una promesa que le ofrecen, usted ni siquiera tiene garantía que lo que le ofrecen se lo van a dar.

Es muy común en las sectas escuchar frases como estas: "obtendrás libertad plena al seguirnos", "tendrás grandes ventajas sobre los demás", "somos diferentes", "cada día avanzamos a paso de vencedores", "para obtener resultados debes esforzarte el doble", "cada día somos más".

Las sectas persiguen la transformación de la personalidad de sus seguidores para modificar sus intereses, sus valores y sus tipos de relaciones. Para ello utilizan técnicas de manipulación psicológica, que se plasman en las diversas fases que vive el captado.

Ahora veamos cómo hay empresas que tienen sistemas de adoctrinamiento para sus empleados y como las empresas sectarias influyen en sus empleados.

Capítulo III.
Empresas Sectarias.

Las empresas sectarias, sectas laborales, empresas sectas o sectas comerciales son empresas que hacen al empleado dependiente de ella a través de un adoctrinamiento o entrenamiento, por lo general, ofreciendo un paquete salarial alto. Es indiferente si la empresa es de ventas o servicios. Además exigen un alto nivel de compromiso que se excede pasando a la devoción.

Características.

Dave Arnott en su libro "El Culto a la Empresa" señala: las tres características de una empresa secta: devoción, líder carismático y separación de la comunidad. Analizaremos de forma detallada estas características.

<u>Devoción</u>: La devoción tiene que ver con su lealtad o compromiso con la empresa, organización o firma. Usted tiene que sentirse identificado con la empresa, o mejor dicho, usted es la empresa, pero, solo a nivel de compromiso. Usted tiene que sacrificar su tiempo libre si es necesario para que la empresa se mantenga y esté al día con todas las actividades que lo compromete.

<u>Líder Carismático</u>: El líder, jefe o dueño induce a los empleados a la sumisión, generalmente, apelando a las emociones positivas del empleado, pero no siempre es así, hay veces (y otros líderes) que recurren a las emociones negativas, como al temor o a la inseguridad, para que el empleado se sienta desprotegido.

Separación de la comunidad: Esto sucede cuando el trabajo se vuelve la vida del empleado. El empleado tiene en el trabajo; guardería, banco, gimnasio, canchas deportivas, librería, lavandería, servicio médico. Y eso no es todo la empresa le da: vivienda, paseos, cursos y otros tipos de actividades de esparcimiento y recreación, volviéndose cada vez más dependiente de la empresa y alejándose de la familia y la comunidad.

En esta parte es importante señalar de manera puntual los siguientes aspectos de una empresa sectaria:

- La empresa adopta un aspecto de religión.
- Los empleados se aíslan de amigos y familiares.
- Los empleados pierden la percepción del mundo.

- Los empleados se fanatizan y viven fuera de la realidad.
- Los empleados bajan su empleabilidad.
- Los empleados son cada vez más dependientes.
- Los empleados son explotados al máximo.
- La empresa produce fobias de salida.
- Los empleados que intentan irse son criticados.
- La empresa crea organismos de espionaje y vigilancia.
- La empresa aplica psico-terror a sus empleados.
- La empresa utiliza distintos métodos de adoctrinamiento.
- La empresa culpabiliza al empleado por el (los) error (es) que cometa en la organización.

¿Cómo Funcionan?

Esta pregunta que acaba de leer estoy completamente seguro que usted se la hizo antes de leerla, y es por eso que se las voy a responder en este instante.

Las empresas sectarias funcionan básicamente de una misma forma, utilizan el sistema de captación, ofrecimiento y retención.

1. **Captación**: Para despertar el interés de la persona o futuro empleado, la empresa ofrece seguridad y beneficios, le brinda garantías de que solventará sus problemas.

2. **Ofrecimiento**: La persona al interesarse por el empleo o empresa, se le comienza a educar con lenguajes típicos de la institución. Una vez que

ingresa a la empresa empieza el adoctrinamiento con ofrecimientos de gran relevancia, entre los que destacan, crecimiento personal, viajes, poder y dinero.

3. Retención: Luego ya dentro de la empresa se le va introduciendo a la persona en sentimiento de temor y culpa para que se le dificulte su salida en caso de no querer seguir con ellos. Se le tilda de traidor, conspirador, revolucionario, desleal y enemigo.

Causas para Entrar en una Empresa Sectaria.

Es posible que usted diga, pero si se sabe esto de las empresas sectarias ¿Por qué las personas se unen a ellas? Como verá, son muchos los motivos, los más importantes son los siguientes.

- Cuando son jóvenes.
- Cuando se separan de las familias.
- Cuando las industrias cambian.
- Cuando abandonan una iglesia o grupo social.
- Cuando se divorcian.
- Cuando no encuentran empleo.
- Cuando se recién gradúan.
- Cuando no tienen experiencia.
- Cuando quieren aumentar sus ganancias.
- Cuando no encuentran apoyo emocional.

Estas son algunos motivos, pero, no son los únicos, pueden existir otras causas de mayor peso para que las personas formen parte de sectas empresariales.

Adicional a esto quiero hablarle de mi experiencia personal, para que observe algunas características aquí nombradas.

En la empresa que laboraba aplicaban el sistema de "premios - castigos". Usted era evaluado según su desempeño, si usted no cumplía con los requerimientos mínimos exigidos, no recibía bono de compensación, era tildado de estar trabajando para otra empresa, porque según sus cuentas, usted podía hacer lo encomendado y mucho más.

Además, usted entraba en la categoría que ellos denominaban "ajuste salarial mínimo", esto significaba que la próxima vez que hicieran ajuste o aumento salarial usted solo recibiría el mínimo establecido, es decir, si los aumentos o ajustes estaban entre el 5 y el 25%, solo iba a recibir 5%, eso sí, siempre y cuando usted no fuera parte del plan "despido por causa de fuerza mayor". Si usted estaba incluido en ese plan usted era despedido con cuatro o cinco personas más, por el sencillo hecho de no cumplir con las expectativas de ellos, que generalmente era, trabajar mucho y fuera de horario con tal de cumplir con lo planteado, lo que representaba exceso de trabajo por poca ganancia.

Otro detalle interesante de esta empresa era que usted era "vigilado", desde su casa hasta el trabajo, todos sus movimientos estaban calculados, sabían que hacía en los tiempos libres y fines de semana.

Otro punto a resaltar es que estaban "prohibidas las reuniones o tertulias entre compañeros", si usted lo hacía le insultaban diciéndole que el sitio de trabajo no era para chistes, ni para planes de sindicato, ni para conspiración.

Otra característica de esta empresa era que producían "fobias de salida", si usted daba la impresión de quererse ir lo llamaban aparte, le preguntaban sobre su situación, y le hacían preguntas como:

- ¿Qué quiere?
- ¿Qué piensa hacer?
- ¿Ha pensado en su familia?
- ¿Necesita aumento o un bono?

Y si la respuesta que usted daba no los convencía, empezaban a amenazarlo:

- ¡Trabajo como éste no conseguirá!
- ¡Nadie le pagará lo que pide!
- ¡Aquí fue donde se formó, y así le paga a la empresa!

- ¡Esta empresa creyó en usted, cuando nadie lo aceptaba!

- ¡Fuera de la empresa serás una simple persona sin rumbo!

Y por si esto fuera poco también decían:

- Mire lo que le pasó a Robert.
- Los que se han ido han intentado regresar.
- Los que se fueron no tienen vida propia.
- Los que se retiraron no encuentran empleo.
- Los que se van no pueden regresar ni hablar con los que se quedan aquí.

Y para cerrar, la característica más relevante era que lo hacían "dependiente". Le ofrecían vivienda, automóvil y motocicleta como parte de los beneficios. ¿Esto que representaba?, lo siguiente: usted recibía la vivienda, el auto o la moto, pero no era suya, era en calidad de préstamo, lo que significaba que si usted era despedido tenía que devolver lo asignado, y generaba además una condición, en caso que usted se fuera a retirar, a usted se le iba a dificultar más su salida porque le iba a costar desprenderse de los bienes que la empresa gentilmente le entregó, ocasionándole a usted un conflicto entre la realidad y lo imaginario, le hacían creer que usted era propietario de lo que le asignaron, cuando en realidad era un simple préstamo.

Ahora a esta altura de la lectura le pregunto: ¿Tienen las características de empresa sectaria algo que ver con su empresa o con la empresa donde usted labora?

Si su respuesta es negativa, siga leyendo en las próximas páginas es posible que cambie de opinión.

Si su respuesta es afirmativa, usted está en un abismo, su vida personal se puede complicar si no corrige ciertos patrones de conducta o si no cambia de empleo, de todas maneras siga leyendo, las próximas páginas lo sorprenderán.

Empresas Sectarias   Ismael Bello

Capítulo IV.
Identificación de Una Empresa Sectaria.

Ya usted leyó que son empresas, que son sectas, que son empresas sectarias o sectas laborales (sus características y cómo funcionan), ahora veremos cómo identificar una empresa sectaria, cómo saber si se está en una empresa sectaria o no.

Los siguientes datos son únicos de empresas sectarias, esté alerta a estos tips, así usted identificará en qué situación se encuentra. Empecemos.

1. Anuncio: El anuncio es referente a la oferta de empleo u oferta laboral, es importante destacar que en el anuncio no se nombra a la empresa por ninguna parte, tampoco mencionan el puesto que desean ocupar, pero sí mencionan lo que ofrecen y qué tipo de personas buscan.

El anuncio es parecido a este:

"Empresa de Gran Trayectoria, solicita: profesionales o bachilleres en diversas áreas con altos deseos de superación. La empresa ofrece: formación dentro de la empresa, altas comisiones, paquete salarial altamente competitivo, inmejorable ambiente de trabajo".

Esté atento a este tipo de anuncio, es posible que a veces cambien el contenido del aviso manteniendo el formato.

2. Entrevista: Luego de haber visto el anuncio, usted va y deja su resumen curricular, y lo llaman ese mismo día o al siguiente para entrevistarlo formalmente y explicarle de forma detallada su empleo. Es allí cuando le hacen unas preguntas parecidas a estas:

a. ¿Está usted contento con su trabajo actual?

b. ¿Está usted a gusto con su situación actual?

c. ¿Le interesaría cambiar su calidad de vida?

d. ¿Invertiría un poco de tiempo y dinero para ganar mucho?

e. ¿Le gustaría realizarse como persona?

f. ¿Le gustaría trabajar en una empresa que le apoye y reconozca sus méritos?

g. ¿Le gustaría llegar a tener todo lo que desea?

h. ¿Le gustaría crecer profesionalmente?

Generalmente, este tipo de empresas tratan de convencerlo para que usted trabaje en ella, sin embargo, hay empresas sectarias que buscan personal calificado en áreas específicas y le hacen todo tipo de pruebas, para saber si usted es confiable, honesto y leal.

3. **Empleo:** Al estar usted dentro de la empresa, comienza lo que yo llamo "la presión psicológica". Esta presión puede ser de distintas maneras:

a. Presión para que asista a reuniones, salidas y visitas de la empresa.
b. Presión en su puesto o área de trabajo.
c. Insistencia para que capte más clientes (Si es empresa de productos).
d. Insistencia para que cada día se esfuerce más para que obtengas más beneficios (empresas de servicio).

e. Enseñanza o adoctrinamiento a través de lecturas, videos y audios.

f. Utilización de un vocabulario exclusivo de la empresa, generalmente llamar a la persona por su título y apellido (Licenciado Gómez).

g. Régimen de premios y castigos en base a las ventas o servicio prestado.

h. Debe tratar a los compañeros según su cargo, están prohibidas las amistades.

i. Se prohíben las tertulias o reuniones en grupo para tratar cualquier tema.

j. Tiene uno o más jefes o supervisores que observan y analizan su desempeño.

k. Le hacen evaluaciones de forma periódica a través de su superior para determinar cuánto merece ganar.

l. Las posibilidades de ascenso son mínimas o lo hacen a través de la ley del máximo esfuerzo.

m. Se usa de manera frecuentemente la palabra "colaboración" en vez de "obligación".

n. Tiene prohibido pedir permiso para estudiar o realizar cursos de mejoramiento profesional fuera de la empresa.

o. Vigilan su vida personal y privada.

p. Lo hacen dependiente, ofreciéndole vehículos, viajes o casas, para que después se le haga difícil salir.

q. Lo hacen sentir culpable si la empresa tiene una baja o un reclamo de algún cliente.

r. Lo ridiculizan delante de sus compañeros en caso que usted no quiera seguir los lineamientos o reglas.

s. Si intenta irse o decide salir, lo manipulan y lo hacen sentir parte de la familia para que deseche esa idea, y si no lo hace lo critican y tratan de dañar su imagen.

t. Le hacen sentir un alto compromiso con ellos, lo tratan como si fuera de la familia.

u. Le fomentan la obediencia, el compromiso afectivo y la fe irracional hacia el líder o dueño.

v. Usted encuentra mayor satisfacción en el trabajo, que en su casa o cualquier otro sitio.

w. Su tiempo libre cada vez es menor.

x. No puede divertirse, tener tiempo de recreación o entretenimiento, porque tiene que cumplir con la empresa.

Observe también las frases que suelen decir estas empresas a sus empleados:

- "Somos la empresa líder del sector".
- "Nuestra empresa tiene 300 millones en stock" (o factura 20 millones diarios).

- "Estamos presentes en todo (o casi todo) el país".
- Estamos presentes en todos los continentes y en más de 30 países".
- Nuestro producto (o nuestro servicio) es líder en el mercado".
- "Somos la empresa más premiada en los últimos años".
- "Eres una persona importante, porque estás trabajando para nosotros".
- Tu status social y económico es (o será) alto si te mantienes aquí".
- Tu vida personal ha crecido por contar con nosotros".
- "¿Qué harás si te vas de esta empresa?".
- "Tú eres la empresa y la empresa eres tú".
- Todo lo que tienes se lo debes a esta empresa".

- "Si te vas de la empresa perderás poder".
- "Nadie te contratará al saber que saliste de aquí".
- "Necesitamos ver mayores resultados para que obtengas más beneficios".
- Sea un líder no un amigo".
- "Usted forma parte esencial de esta empresa".
- "La empresa no te reconocerá nada si te vas".

Recuerde que estas son frases claves, las frases pueden variar, pero manteniendo el mismo enfoque.

En mi experiencia personal he visto personas que se encuentran atrapadas, dependen tanto de la empresa, que no tienen vida propia, se dejan humillar y aceptan lo que le dan por el solo hecho de no ser desalojados de la casa que habitan o de ser despedidos.

Otros, como no saben otro oficio se mantienen allí sin poder hacer nada para cambiarlo. Para mí, es triste y lamentable ver este tipo de situaciones, cambiaron su libertad y su independencia por estar unido a una casa; a un carro o a un empleo.

Ahora que ya tiene más claves y puntos específicos más claros, le pregunto. ¿Está usted en una empresa sectaria?

Si su respuesta es negativa, ¡Felicidades! usted trabaja o está en una empresa que valora su personalidad y su profesionalidad, respeta su individualidad y su libertad. Pero, de todas formas siga leyendo, le ayudará a estar alerta en caso que cambie de empresa.

Si su respuesta es positiva, usted necesita urgentemente cambiar de empresa o hacer un cambio dentro de la empresa para que juegue a su favor, de lo contrario estará sumamente perdido como humano y como profesional. Le sugiero que siga leyendo y observe las consecuencias de estar en una empresa sectaria o secta laboral.

Empresas Sectarias   Ismael Bello

Capítulo V.
Consecuencias de las Empresas Sectarias.

Ya observamos de manera detallada que es una empresa sectaria o secta laboral, ahora conoceremos las consecuencias de este tipo de empresas. Preste atención y tome nota de lo más relevante para usted.

1. Generan en los empleados miedo, angustia, estrés, ansiedad y todo tipo de enfermedades psicológicas.

Recuerde que el cuerpo depende el 90% del cerebro, es decir, todo lo que tiene que ver con el sistema neurológico, psicológico y motor.

2. Generan en los empleados agotamiento físico.

En este caso estamos hablando del sistema musculosqueletico, recuerde que este tipo de empresas lo hacen trabajar de más, inclusive fines de semana.

3. Generan en los empleados la pérdida de independencia y libertad.

Las personas se vuelven dependientes de la empresa y no solo eso, están vigilados y saben todos sus movimientos cuando no están en la empresa.

4. Generan en los empleados la pérdida de la familia y amigos.

Las personas dejan a un lado familiares y amigos por tener tiempo de empresa o tiempo extra para ganar más y quedan totalmente aislados.

5. Generan en los empleados conductas adictivas.

Entre las que destacan: tabaquismo, alcoholismo y toxicomanías.

6. Generan en las personas tendencias suicidas.

Esto se debe a la gran cantidad de presión que tiene de forma diaria o consecutiva y es pensado como medio de salida.

7. Generan en los empleados malestar en las relaciones personales.

Principalmente dado por el efecto bono-castigo, si no estás a la altura o nivel exigido tus relaciones con los demás empeoran.

8. Generan en los empleados estados de agresión e irritabilidad.

Al no sentirse a gusto con lo que hacen o no recibir lo prometido se desahogan con este tipo de conducta.

9. Generan en los empleados pérdidas de las metas y de los proyectos.

Se pierden las ganas y el entusiasmo, las personas se autodestruyen y se desinteresan por planes futuros.

10. Generan en los empleados un descuido de las responsabilidades y compromisos familiares.

Pierden la noción del tiempo y de la realidad (No saben lo que es real y lo que es imaginario).

11. Generan en los empleados problemas de afectividad y de deseo sexual.

Quedan sin afecto y actividad sexual por estar sumergidos en el trabajo.

12. Generan en los familiares de los empleados trastornos médicos y psicológicos.

Los familiares se ven afectados por el comportamiento del individuo en el entorno familiar.

13. Generan en los empleados mayor probabilidad de accidentes.

Ya sea por desatención, negligencia o descuido instantáneo.

14. Generan a la empresa baja productividad.

Al estar bajo este régimen la mayoría de los empleados buscan vías de escape, que producen una baja notable en los beneficios directos de la empresa.

15. Generan a la empresa un ambiente de trabajo hostil.

Cada vez hay más quejas y denuncias por hostigamientos y maltratos físicos y psicológicos.

16. Generan a la empresa una imagen de ilegalidad.

Las empresas al tomar rumbos o comportamientos sectarios se les tildan inmediatamente de operar en la ilegalidad o tener nexos con grupos, individuos u organizaciones delictivas.

Estas son solo algunas consecuencias, las empresas sectarias de por sí, son perjudiciales para la industria, para la comunidad, para las personas y para los países.

En este instante quiero preguntarle, de acuerdo a lo que ha leído en este libro ¿qué opina usted de las empresas sectarias?

Me gustaría saber su respuesta, por eso, al final del libro se encuentran mis direcciones electrónicas para saber su respuesta de ésta y todas las preguntas aquí formuladas.

Capítulo VI.
Claves Para Salir de Una Empresa Sectaria.

Hasta el capítulo anterior, se habló todo lo referente a las empresas sectarias o sectas laborales y es posible que usted se haya identificado con las características, claves o puntos señalados.

En esta parte veremos, las recomendaciones para salir de una empresa sectaria y los cambios que debería hacer si decide mantenerse en ella.

Pero antes de entrar en las recomendaciones me gustaría que respondiera "sí" o "no" a estas preguntas:

- ¿Se siente o está feliz con su trabajo?
- ¿Siente paz y tranquilidad?
- ¿Goza de buena salud?
- ¿Aprende en su trabajo?
- ¿Es independiente de la empresa?
- ¿Creció o crece profesionalmente?
- ¿Tiene tiempo libre para disfrutar con su familia y amigos?

Si su mayoría de respuestas es **"SÍ"**, entonces, usted debe decidir que cambios hacer para aprovechar al máximo las factores positivos que le ofrece la empresa, lo importante es que usted no pierda su identidad como individuo, mantenga la diferencia entre trabajo, familia y comunidad.

Si su mayoría de respuesta es **"NO"**, es momento de hacer cambios significativos en su vida, es probable que usted no tenga identidad propia (su identidad es la empresa donde está), no tiene tiempo de disfrute, tiene problemas familiares, no tiene o tiene pocos amigos, está endeudado, está deprimido, tiene problemas con sus compañeros o su grupo de trabajo y lo peor de todo (como ya lo he dicho anteriormente) es dependiente de la empresa, es decir, perdió la libertad que es lo más importante que tiene el ser humano después de la vida.

Independientemente de cuáles hayan sido sus respuestas observe y analice las siguientes recomendaciones.

¿Qué hacer si se encuentra en una empresa sectaria o en una empresa que lleva ese rumbo, pero a usted le gusta lo que hace?

En este caso usted tiene algunas opciones, que puede evaluar y tomar en cuenta, recuerde que estas claves o recomendaciones no son las únicas, pero con ellas, usted puede tener una idea más clara de cómo afrontar sus problemas, estudiar que mejorar y cuál de ellas aplicar.

1. Trate en lo posible de no ser tan dependiente de la empresa.

Si tiene casa de la empresa, entréguela y compre o alquile una, si tiene auto de ellos entréguelo y cómprese uno o vaya al trabajo en transporte público, la idea es que usted sea cada vez más independiente.

2. Haga que el trabajo juegue a su favor.

Reserve tiempo en su agenda para distintas actividades, una o dos veces a la semana, y comprométase con ellas como lo hace con su trabajo.

3. Sea positivo.

Lo más importante para el cuerpo y para el alma es ser positivo, un pensamiento positivo y tener positividad en la vida hace al individuo más eficiente y productivo en todos los ámbitos.

4. Aprenda todo lo que pueda.

Si es el trabajo que a usted le gusta, no pierda la oportunidad de aprender todo lo que tenga que ver con su campo. Aprenda, pero no se auto castigue cargándose de trabajo extra.

5. Cambie de sitio.

Durante la hora de almuerzo, puede ir a un parque, almorzar en un restaurant o, simplemente, salir a tomar aire.

6. Recuerde quién es fuera del trabajo.

Importantísimo para su vida. No pierda la percepción de la realidad, recuerde que usted tiene familia, trabajo y comunidad. Tome en cuenta que el trabajo es una parte de lo que es, no todo lo que es.

7. Aprenda a decir no.

Confíe en su intuición, no acepte trabajos, proyectos o cargos que no desee. No se sienta comprometido por haber desechado un proyecto o cargo anteriormente.

8. Pida ayuda cuando la necesite.

Importante para su desarrollo y capacidad de trabajo individual y en equipo.

9. Trabaje mejor y no más.

Trate de llevar a cabo con mayor eficiencia las tareas que le asignan y prométase a cumplir su horario y no acumule trabajos y mucho menos se los lleve a su casa. Haga lo que usted considere más conveniente pero trate en lo posible de hacerlo porque quiere, no porque lo obligan o lo presionan.

10. Búsquele sentido a su vida y a todo lo que hace.

Si usted no sabe que quiere y que hace, su vida no tiene sentido, tiene que buscar en su interior que le hace feliz, y luego aplicarlo en su vida diaria.

11. No se esfuerce por alcanzar la perfección.

No obsesionarse con trabajos que no queden como se había planificado.

12. Evalúese de forma periódica.

Cada vez que pueda observe como está su mercado laboral y que empresas estarían interesadas en usted.

Ahora bien, pero, qué sucede si usted está en una empresa sectaria y usted no está bien, ya tiene algunos aspectos aquí descritos que forman parte de su vida personal y laboral. En este caso usted no tiene opciones ni motivos para seguir en la empresa donde está y pienso que debería tomar en consideración las siguientes recomendaciones.

1. Comience con usted, analizándose y poniéndose su definición de éxito.

Debe tomar en cuenta que usted antes que nada es un ser humano, que tiene emociones y sentimientos, y a que además, tiene proyectos de vida. Si al analizarse tiene su definición de éxito y no se relaciona con la empresa donde está, es hora que se marche o retome el rumbo de su vida.

2. Cambie de empleo.

Haga lo posible por buscar un nuevo empleo en el que este a gusto y cumpla con sus expectativas. Recuerde que el empleo que usted tiene no es el único empleo que existe y si es el que a usted le gusta, búsquese uno igual, pero en otra empresa.

3. Busque ayuda profesional.

Usted debe estar enfermo o debe tener problemas de salud, es posible que no lo note, pero, es necesario que usted visite especialistas, sobre todo, en estas áreas: psicología y medicina general. Es recomendable realizarse un tratamiento psicológico, para saber cómo se encuentra, como pueden ayudarlo y que cosas dependen de usted y que no. No vaya solo vaya con su esposa(o) o familiar cercano.

4. Amplíe sus relaciones.

Si usted cuando estaba en la escuela o en la universidad tenía amigos y compañeros con los cuales se entretenía y compartía porque ahora no tiene o no puede tener amigos. Expanda su capacidad de hacer y mejorar sus relaciones personales, participe en eventos deportivos o asista a campamentos y excursiones.

5. Dele sentido a su vida.

Dedíquele tiempo a su familia, vaya al cine, al teatro, haga juegos y reuniones con vecinos y amigos o planifique visitas o reuniones con sus amistades, verá que puede aprovechar ese tiempo para saber lo importante que es y lo mucho que aporta a otros fuera de su trabajo.

6. Procure comenzar su propio negocio.

Si usted es experto en su área no dude en empezar su propio negocio o en hacer una microempresa, usted será su propio jefe y lo más importante pondrá sus normas y reglas, dedicará tiempo a su familia y trabajará según su conveniencia.

7. Despréndase de viejos patrones.

Tome las riendas de su vida, olvídese que usted es la empresa o que la empresa no es nada sin usted, nada más lejos de la realidad, aunque no lo crea usted es reemplazable, si usted se va pondrán a otro en su sitio y se fallece estando dentro de la empresa es peor porque solo le dirán a su esposa o esposo "Era parte de la familia, pero ya no está con nosotros". Y no solo eso si le ofrecieron un cargo, o beneficio o aumento y no se lo han dado y usted ya cumplió con su parte olvídese que se lo van a dar, no crea en falsas promesas.

8. Busque su independencia.

Como ya se dijo anteriormente, despréndase de todo que lo ate a la empresa, como casa, carro, pases de cortesía, uso de lavandería, uso de gimnasio, uso de guardería, etc. Pague por los servicios que necesita y obtenga lo que pueda por su esfuerzo.

9. Prepárese y edúquese en su área.

Mientras más estudiado y preparado sea mejor para usted como persona y como profesional así tendrá las puertas abiertas en cualquier empresa.

10. Haga otras cosas.

Aprenda a realizar otras actividades diferentes a la que realiza, haga cursos de algún oficio o de un tema que a usted le guste, así amplía más su campo laboral y de esparcimiento.

Sé que con las recomendaciones explicadas en este capítulo, usted cambiará su forma de pensar, de actuar y de vivir. Usted tomara en serio que su independencia y su ser interior son más importantes que una empresa, organización o firma.

Capítulo VII.
Recomendaciones Puntuales.

Usted seguramente se preguntará ¿Cómo evito una empresa sectaria la próxima vez? Pues, aunque no lo crea la respuesta a esa pregunta ya esta contestada en los capítulos anteriores, de todas formas es aconsejable que tome nota de estos puntos específicos:

- **El Anuncio**: Recuerde que los anuncios son idénticos al ejemplo aquí mostrado.

- **La Entrevista**: Tome en cuenta los puntos aquí tratados sobre la entrevista.

- **La Empresa**: Habrá empresas que usted no la sabrá identificar hasta que esté dentro de ella. En ese caso preste atención a los puntos tratados en este libro referentes a la empresa.

- **Preparándose:** Mientras más y mejor esté preparado se le hará muy fácil identificar una empresa sectaria.

- **Siendo Independiente:** Si usted sabe diferenciar lo que es y lo que hace, será difícil que caiga en una empresa sectaria.

- **Aprendiendo Distintos Oficios o Profesiones:** Al tener usted mayor capacidad y gran cantidad de oficios y/o profesiones, usted tendrá un abanico de oportunidades, difícil de ver para una persona con una sola profesión u oficio.

- **Siendo Único y Feliz con lo que Hace**: Si usted sabe lo que hace, le gusta y es feliz, téngalo por seguro que no caerá en empresas sectarias y si cae podrá salirse rápidamente.

Adicional a esto le recomiendo que lea mi libro "Empleos Tormentosos" como lo dije al inicio ya que en él se establecen las características de este tipo de empleos y cómo identificarlos, también encontrará una serie de claves y recomendaciones para que mejore su calidad de vida.

Empresas Sectarias					Ismael Bello

Notas Finales

Como le he dicho en casi todo el libro, me gustaría saber su opinión y sus respuestas a las preguntas realizadas en el libro y por eso al final de esta sección están mis direcciones electrónicas, para que envíen sus respuestas, comentarios y sugerencias respecto a este tema.

Para finalizar solo quiero decirle algo, todos nacemos libres y nada ni nadie puede quitarnos ese derecho, no podemos permitir que una persona, empresa o institución nos manipule y se apodere de nuestra integridad, precisamente, la independencia y la integridad es lo que hace al ser humano único, porque, es capaz de pensar y decidir lo que me mejor le parece, le convenga o le gusta.

Si usted forma parte de una empresa sectaria espero que este libro le haya servido de ayuda y que no sea demasiado tarde para usted. Si no lo está, pero conoce a alguien que está o que puede estar en una empresa sectaria es el momento que lo ayude o asesore de acuerdo a lo aquí explicado. Personalmente estuve en una empresa sectaria y sé cómo se sufre y como se vive dentro de una organización de este tipo.

Le sugiero que lea el libro nuevamente, y se enfoque en los puntos que tenga que ver con usted, busque asesoría e información con expertos en el área y lo más importante no espere para mañana, comience hoy, este es el mejor el momento de actuar.

Mire el pasado para corregir, el futuro para proyectarse y el presente para actuar, así que si se encuentra o conoce a alguien que se encuentre en una de las situaciones aquí nombradas no espere más, ¡empiece ya!

Espero que este libro lo haya entendido, comprendido y lo más importante, que de ahora en adelante le saque el mayor provecho posible, para usted, para su familia, para sus colegas o para sus amigos.

No olvide enviarme sus respuestas, sugerencias y comentarios.

Un fuerte abrazo.

Ismael Bello.

Empresas Sectarias   Ismael Bello

Para sugerencias y comentarios de este libro use los siguientes medios:

E - Mail: ismael828@gmail.com

Twiter: @ismaelbello

Facebook:

https://www.facebook.com/ismaelbello.527

Instagram: @ismaelbello1

Empresas Sectarias	Ismael Bello

Bibliografía

ARNOTT, Dave. El Culto a la Empresa. Editorial Paidos. Buenos Aires: 2002. P.P 272.

ASSENS, Jordi. Huevos con Tocino. Editorial Grupo Norma. Bogotá: 2008. P.P. 102.

KJERULF, Alexander. La Hora Feliz es de 9 a 5. Editorial Contentspanish. EE.UU. 2001. P.P. 213.

FUERTES, José. Mobbing, Psicoterrorismo en el Trabajo. Editorial Grupo Aran. Madrid: 2004. P.P. 79.

NEWHOUSE, Robert. El Peligro de las Sectas. Editorial Edicomunicación. Madrid: 2000. P.P. 197.

Diccionario de la Real Academia Española 2011.

http://www.acosolaboral.net

http://www.universia.es

Empresas Sectarias   Ismael Bello

Acerca del Autor.

Ismael Bello es docente, director de la empresa Corporación Tisem 2000 CA, locutor, productor de radio, director audiovisual y escritor. Es aficionado del deporte, de la música y la buena comida. Ha realizado diferentes escritos para distintos medios entre ellos: periódico y radio.

"Empresas Sectarias" ha sido el libro con el que empezó este camino de la escritura, por todo lo que le sucedió en el trabajo cuando laboraba como empleado en una empresa de servicios. Ha escrito en otros géneros literarios como en el teatro y la narrativa, libros que estarán disponible próximamente.

Siempre le ha gustado la libertad, por eso piensa que este libro es muy importante para ti, tanto en el ámbito personal como profesional.

En palabras de Ismael: "No dejes que nadie controle tu vida, hazlo desde hoy y sé libre".

Otros libros del mismo autor.

"Empleos Tormentosos" Cómo identificarlos y cómo salir de ellos

Empresas Sectarias   Ismael Bello

www.ingramcontent.com/pod-product-compliance
Lightning Source LLC
Chambersburg PA
CBHW051203170526
45158CB00011B/1738